AF358349

À mon ami Alex. Bidart

Son dévoué

Brault

Paris - Mai 1889 -

LE JAPON JUDICIAIRE

Extrait du *Journal des Tribunaux.*

LE
JAPON JUDICIAIRE

PAR

LOUIS FRANK

Docteur de la Faculté de Droit de Bologne
Avocat du Barreau de Bruxelles

———

BRUXELLES
FERDINAND LARCIER
10, RUE DES MINIMES, 10
1889

LE JAPON JUDICIAIRE

Constitution. — On ne se doute pas, d'ordinaire, que, là-bas au loin, au fond de l'Océan Pacifique, à quelques milliers de lieues de la vieille Europe, un vaste empire de trente-neuf millions d'habitants, appartenant à la race mongolique, après être resté fermé durant des siècles à tous les étrangers, hormis aux Chinois et aux Hollandais, a rompu avec les traditions étroites de son passé, et, comprenant que, pour les peuples comme pour les individus, les réformes. le mouvement et le progrès sont les inéluctables lois de l'existence, voulant vivre, il s'est affranchi du joug de l'immobilisme.

Dans l'ordre politique et social, le Japon se transforme d'une façon merveilleuse ; usant des procédés de la sélection, il est en voie de s'approprier les rouages les plus perfectionnés et les plus parfaits qui fonctionnent dans les institutions des peuples occidentaux.

La réorganisation politique du Japon est chose toute récente. On peut considérer un décret impérial de février 1868 comme le point initial de toutes les réformes accomplies. Ce décret avait créé huit ministères et un grand Conseil recruté parmi les seigneurs féodaux et les nobles de la Cour impériale. Puis, en 1875, un Sénat fut institué, et, en 1881, un Conseil d'État. Une notification impériale du 22 décembre 1885 a aboli le Conseil d'État et le Grand Conseil.

Jadis, les pouvoirs politiques étaient exercés, sous l'autorité de l'Empereur. par un cabinet de dix ministres choisis par le souverain, et personnellement responsables devant lui ; par le Sénat et par l'Assemblée annuelle des Préfets que l'on consultait sur la situation du pays, ainsi que sur 'es réformes à introduire dans l'administration. Plus tard, cette organisation fut modifiée. Jusque dans ces derniers temps, la loi fut faite par l'accord de l'Empereur, des ministres et du Sénat : celui-ci se composait de membres nommés par l'Empereur et recrutés parmi les anciens hauts fonctionnaires et les généraux. Le 13 février dernier, le Mikado, dans une réunion des sommités de l'Empire, des gouverneurs des villes et des préfets des provinces, a promulgué la nouvelle Constitution qui implante, au Japon, le système parlementaire et représentatif ; depuis quelques années déjà, on avait tenté l'expérience du système électif en matière communale et provinciale.

Le Mikado s'est réservé l'exercice du pouvoir exécutif, sous le contrôle et sous la responsabilité de dix ministres. Le cabinet japonais comprend un Premier Ministre, sans portefeuille, qui en est le chef : il possède des pouvoirs très étendus et peut, sans le concours du Souverain, contresigner les actes d'une

importance secondaire pris par les autres ministres ;
puis, les ministres des affaires étrangères, de l'inté-
rieur, des finances, de la guerre, de la marine, de la
justice, de l'instruction publique, de l'agriculture et
du commerce, et des communications. Antérieure-
ment à la publication de la nouvelle Constitution, une
ordonnance impériale du 26 février 1886, en 85 arti-
cles, avait réglé la responsabilité des ministres. Qui
sait si, quelque jour, pour répondre au vœu déjà bien
lointain du législateur constituant belge (art. 135,
n° 5, de la Constitution belge), notre Parlement ne
sera pas amené à copier servilement cette ordonnance
japonaise rédigée avec la plus grande précision ?

D'après la nouvelle Constitution japonaise, le pouvoir législatif est exercé par l'empereur, le Sénat et la
Chambre des députés. La Chambre se composera d'environ 300 députés, c'est-à-dire de 1 député par plus de
cent mille habitants. L'électorat est subordonné à
diverses conditions : seront électeurs, les citoyens
mâles, âgés de plus de 25 ans et payant un cens de 25 yens.
La valeur du yen correspondant à celle du dollar, la
quotité du cens japonais sera d'environ 125 francs.
La Constitution japonaise est des plus libérales ; elle
proclame et garantit les grandes libertés fondamentales : la liberté individuelle, la liberté de la presse,
de réunion, de la parole et de l'enseignement. Puissent
les Japonais faire le plus large usage de ces libertés,
sans jamais en abuser !

· LÉGISLATION. — Un Français, M. Boissonnade, professeur de droit à Tokio, a été chargé de l'élaboration
des projets de codification.

Le code pénal, le code de procédure pénale, celui
de procédure civile ont déjà paru. Les travaux préparatoires de M. Boissonnade ont subi d'assez profondes
modifications. La législation pénale constitue néanmoins un progrès notable sur ce qu'était l'ancienne
législation, et elle a été mise en harmonie avec les progrès réalisés en Chine et en Occident.

Le Mikado n'a pas encore promulgué le Code de
commerce. Le projet, qui en a été publié en japonais et
allemand, est l'œuvre de M. Hermann Roisler, ancien
professeur à Munich ou à Gœttingue, aujourd'hui professeur à Tokio.

Organisation Judiciaire. — A la tête de l'organisation judiciaire se trouve la Cour de cassation (*Daishin-
in*), avec 8 procureurs et 21 conseillers. Le Japon possède 7 Cours d'appel avec 19 procureurs et 60 conseillers.
Au degré inférieur, la justice est administrée par
99 tribunaux de première instance et 190 tribunaux
de paix, ayant un personnel de 182 juges effectifs,
1003 suppléants, 77 procureurs et 239 substituts.

On a établi des tribunaux dans chacun des districts
de résidence et des districts ruraux (*Fous-Kens*).

En matière pénale, les infractions sont jugées par les
Cours d'assises, les tribunaux correctionnels, et les
tribunaux de police. Le nouveau Code pénal militaire
japonais a institué un conseil de guerre dans chaque
ville de garnison.

Quelques particularités font différencier l'organisation judiciaire du Japon d'avec celle de notre pays.
La Cour suprême japonaise a le droit d'ordonner des
poursuites dans certaines cas ; puis, les actions inten-

tées par les particuliers contre les administrations de l'État sont de la compétence des Cours d'appel; enfin, les actions intentées par les particuliers contre les maires (1) sont toujours soumises directement aux tribunaux de première instance.

Les cours d'assises ne possèdent pas de jury; ce sont des cours criminelles, assez semblables aux cours hollandaises; elles siègent avec cinq magistrats.

ADMINISTRATION DE LA JUSTICE. — Les magistrats japonais se recrutent de deux manières : d'abord, parmi les jeunes gens sortis des universités et munis de diplômes; puis, parmi ceux qui, se trouvant sans diplôme, ont subi avec succès les épreuves d'un examen spécial, institué par le ministère de la justice.

L'inamovibilité de la magistrature est un principe fondamental consacré par la nouvelle Constitution.

La justice japonaise est administrée par 263 conseillers et juges, 1003 suppléants, 104 procureurs, 239 substituts, soit par un total de 1609 magistrats. Il y a, en outre, 3416 greffiers, fonctionnaires, agents et employés subalternes, en tout donc 5025 personnages de tous rangs.

La magistrature japonaise ne renferme dans son sein qu'un seul étranger : un juge au tribunal de première instance de Yokohama.

Lors de la réorganisation judiciaire de l'empire,

---

(1) Le maire, au Japon, n'est pas le chef d'une commune, mais d'une circonscription administrative moins restreinte. Il y a dans l'empire 12,200 villes (*matchis*), et 58,979 villages (*mouras*), formant 13,981 mairies ou *kotchô-yakoubas*.

les puissances européennes et les États-Unis auraient
consenti à soumettre leurs nationaux aux lois et à la
juridiction japonaises, sous la condition que les tribunaux eussent été composés par moitié de Japonais
et d'Européens ou de citoyens des Etats-Unis. Le
gouvernement impérial a refusé, non sans raison, de
subir cette injustifiable prétention.

Les étrangers au Japon restent soumis à la juridiction consulaire. A Yokohama, les Français ont
institué une cour consulaire.

A propos de la juridiction consulaire, rappelons un
fait authentique. Il y a quelques années, un belge,
coupable d'homicide, dut comparaître devant notre
consul d'une des grandes villes du Japon. Le repré-
sentant de nos intérêts commerciaux, comme d'ail-
leurs la plupart de nos consuls de là-bas, était de
nationalité allemande. On juge aisément le cruel
embarras de ce brave allemand d'appliquer une loi
qu'il n'avait jamais lue. Notre criminel compatriote
fut condamné à la pendaison : notre consul s'était
imaginé que cette peine était établie par notre Code
pénal ! Et il fallut l'intervention de notre ministre de
Yedo pour apprendre à un des consuls de Belgique son
ignorance des dispositions fondamentales des lois
belges.....

— En 1885, 683 pourvois en matière civile ont été
adressés à la cour de cassation ;

5,229 affaires civiles ont été portées devant les
7 cours d'appel ;

41,256 devant les tribunaux de 1re instance ;

124,105 devant les tribunaux de paix ; les juges de

paix ont eu à trancher en outre 772,283 affaires introduites en conciliation.

Les cours d'assises ont condamné 4,407 individus contradictoirement, et 514 par défaut ; les tribunaux correctionnels ont jugé 94,820 personnes contradictoiment et 7,046 par défaut. 133,321 personnes ont été condamnées par les juges de paix pour contraventions à des règlements de police. Les conseils de guerre ont condamné 639 militaires.

POLICE. — La police est essentiellement gouvernementale. La capitale de l'empire, Yedo, qui compte plus de deux millions d'habitants, possède, comme presque toutes les capitales, une préfecture de police. Dans les provinces, les préfets sont les chefs de la police. Tout 'e Japon compte 1,426 bureaux de police avec 29,410 policiers ; on rencontre donc, dans le pays, un policier par 1,409 habitants.

SYSTÈME PÉNITENTIAIRE. — Les prisons japonaises se divisent en maisons de prévention, maisons de détention et maisons de correction.

Les premières, au nombre de 175, ont logé, en 1885, 139,281 prévenus ; les secondes, au nombre de 170, ont accordé l'hospitalité à 199,995 condamnés ; enfin, les 103 maisons de correction n'ont renfermé que 492 personnes.

ETAT CIVIL. — L'état civil est organisé au Japon à peu près comme chez nous.

— La loi prescrit que tout décès doit être constaté par un médecin; cette disposition est assurément préférable à celle de l'art. 77 de notre code civil.

La crémation des morts est admise au Japon au

même titre que l'inhumation. Tandis qu'à Rome les honneurs du bûcher et de la flamme étaient réservés uniquement aux riches et que les cadavres des pauvres étaient jetés dans les *puticuli*, charniers hideux et infects, au Japon, au contraire, les dépouilles mortelles des riches sont ensevel.es dans la terre, et la flamme dévore les corps des malheureux.

Jamais jusqu'ici on n'a invoqué au Japon, contre la pratique de la crémation, ces fameuses raisons d'ordre judiciaire qui, chez certains peuples occidentaux, servent à masquer des scrupules d'ordre religieux.

Il importe de signaler cependant qu'il y a quelques années des missionnaires catholiques parvinrent à obtenir du gouvernement japonais un décret interdisant l'incinération des corps dans toute l'étendue du pays. L'opposition de la population contre cette mesure fut telle que le décret ne tarda pas à être abrogé, et, aujourd'hui, le gouvernement s'est mis en rapport avec la société de crémation de Milan pour établir dans le pays des crématoires conformes aux prescriptions de l'hygiène et munis d'appareils perfectionnés du système Gorini ou Venini.

Osaka possède trois grands crématoires dont le principal comprend vingt grands fours, capables d'incinérer soixante cadavres à la fois. Le crématoire de Kirigaya est non moins considérable. Le prix d'une incinération varie entre 1 et 5 yens (entre environ 5 et 25 francs).

— Les Japonais, comme tous les autres peuples vigoureux, ont une inclination prononcée pour le mariage; mais ils peuvent trouver dans le divorce un dédommagement des servitudes matrimoniales. Friands d'hymens, ils ne dédaignent pas de les défaire : ainsi, en 1885, 259,497 mariages japonais ont été célébrés, et non moins de 113,565 divorces ont été prononcés. Par 1000 habitants, il y a donc eu 6.80 mariages et 2.97 divorces.

Les mariages se concluent plus aisément que chez les peuples occidentaux, et les tribunaux en prononcent plus facilement aussi la rupture.

Le Sénat a accompli, dans ces derniers temps, une réforme hardie : un récent décret a aboli la polygamie. Ce terme de polygamie dont se servent pourtant les documents officiels japonais est, paraît-il, assez impropre. Il s'agirait bien plutôt d'une sorte de concubinat.

Toujours est-il que voilà ces malheureux Japonais réduits, comme de vulgaires occidentaux, à la sobriété conjugale, et devenus monogames ainsi que nous sommes présumés et réputés l'être. Y a-t-il lieu de les féliciter de cette révolution accomplie dans leurs mœurs ? J'abandonne à chacun le soin d'apprécier suivant ses sentiments et quelque peu aussi selon son tempérament.

Ministère de la Justice. — Ce ministère compte à lui seul 5395 employés, dont 8 *tchokounin*, ou fonctionnaires supérieurs, 394 *sónin*, 2631 *hannin*, employés subalternes de 1re catégorie, et 2362 d'un rang inférieur. On le voit, le Japon ne nous est nullement inférieur quant à la bureaucratie. Le fonctionnarisme exagéré du Japon provient de ce fait que le régime féodal a été aboli depuis peu d'années seulement et que des compensations ont été octroyées dans l'administration à des parents des anciens *Daïmios* ou grands feudataires dont les familles étaient devenues victimes de la suppression de la féodalité. Néanmoins, un acte impérial du 26 décembre 1885 a attiré l'attention des ministres sur le nombre trop considérable des fonctionnaires japonais et sur la nécessité d'opérer des réductions dans le personnel des départements ministériels.

Études juridiques. — Jusque dans ces derniers temps, une seule Université existait au Japon : c'était celle de Tokio, appelée *Daïgakou* ou grande Ecole. De nouvelles Universités viennent d'être créées à Osaka, à Kanazawa, à Hirozima, à Sendaï et à Nagasaki.

Les études juridiques se font en quatre années ; la même période de temps est requise pour les études préparatoires. Certains cours se donnent en anglais ; le français aussi est obligatoire pour tous les étudiants en droit. Les matières principales du programme sont le droit japonais, le droit chinois, les éléments du droit anglais et du droit français, le droit international public et privé, l'économie politique, la littérature et l'histoire de Chine, d'Angleterre et de France.

Au ministère de la justice était annexée une école de Droit, destinée tout spécialement à la formation des magistrats; on l'a supprimée il y a fort peu de temps.

Quoique les étrangers aient été remplacés par des Japonais dans toutes les fonctions publiques, on les a maintenus cependant dans l'enseignement. Les Européens, professeurs de droit les plus connus, sont : MM. Boissonnade, Hermann Roisler et Georges Appert.

En 1884, le Japon a édité 304 ouvrages juridiques : 22 ouvrages, 27 traductions, 13 réimpressions et 242 ouvrages de collection.

Barreau.— Une loi de la 13ᵉ année de meidji (1880) a réglé l'organisation du Barreau japonais.

Dans chaque circonscription de tribunal se trouve une association d'avocats, ayant à sa tête un Conseil de discipline, présidé par une sorte de Bâtonnier, le *Kwai-tcô*, ce qui signifie le chef de l'association.

La profession d'avocat n'est pas libre ; l'accès de l'ordre est subordonné à une autorisation du ministre de la justice de l'empire.

Les attributions du Conseil de l'Ordre correspondent assez exactement à celles de notre Conseil.

Dans l'organisation japonaise, les avoués font défaut ; les avocats en remplissent les fonctions.

Les avocats, de même que les juges, ne portent pas d'uniforme spécial. Dans toutes les fonctions officielles, le costume européen a remplacé le costume national japonais. Les avocats se présentent à la barre en redingote noire ; les juges portent le même vêtement.

En consultant l'état des dépenses et des recettes du gouvernement impérial, j'y ai découvert un poste de 10,000 yens, résultant du produit des patentes payées par les avocats. Cette patente est très minime ; les avocats ont de plus à payer, proportionnellement au chiffre des affaires qu'ils traitent et des honoraires qu'ils touchent, l'impôt sur le revenu, qui a été établi dans l'empire, l'an dernier.

Les avocats auparavant n'étaient pas très estimés au Japon ; on leur reprochait d'exploiter leur situation, de susciter sans raison des difficultés aux parties, d'e mbrouiller les différends afin de les faire durer. A présent, ils ont beaucoup gagné en considération et les griefs du passé ont cessé d'être formulés contre eux.

Fait assez singulier — et il semble que dans l'Univers entier il en soit ainsi — on constate au Japon une pléthore d'avocats, surtout dans les grandes villes.

A Tokio qui est, par excellence, la ville juridique de l'empire, le nombre des avocats est vraiment exagéré.

Heureusement pour nos confrères du Japon, bientôt s'ouvriront à eux les portes de la Chambre des députés, et, s'ils nous imitent en cela comme dans le reste de leur organisation, ils pénétreront en rangs serrés dans l'hémicycle parlementaire (1).

---

(1) Les chiffres que j'ai mentionnés dans cet article sont extraits de l'Annuaire publié par le Bureau général de statistique du cabinet impérial. — Tokio — 20e année de Meidji — 1887.

Je dois plusieurs de mes informations à la bienveillante obligeance de M. Matsugata, ancien attaché des légations japonaises de La Haye et de Paris.